잘 구워진 벽

잘
구
워
진
벽

펴낸날 2020년 7월 17일

지은이 이서은
펴낸이 주계수　|　**편집책임** 이슬기　|　**꾸민이** 이화선

펴낸곳 밥북　|　**출판등록** 제 2014-000085 호
주소 서울시 마포구 양화로 59 화승리버스텔 303호
전화 02-6925-0370　|　**팩스** 02-6925-0380
홈페이지 www.bobbook.co.kr　|　**이메일** bobbook@hanmail.net

ⓒ 이서은, 2020.
ISBN 979-11-5858-675-1 (03810)

※ 이 도서의 국립중앙도서관 출판시도서목록(CIP)은 e-CIP 홈페이지(http://www.nl.go.kr/cip)에서 이용하실 수 있습니다. (CIP 2020027927)

※ 이 책은 저작권법에 따라 보호받는 저작물이므로 무단전재와 복제를 금합니다.

잘 구워진 벽

이서은 시집

시
인
의
말

세상에는 벽이 너무 많다.

시는 나에게 도저히 넘을 수 없는 벽과 같은 것인데
시가 결국 그 많은 벽을 넘을 수 있는 희망이 되었다.

거리는 담쟁이 넝쿨이 온통 벽을 기어오르고 있다.
담쟁이 넝쿨은 결코 혼자 그 외로운 벽을 오르지 않는다.

오늘도 묵묵히 벽을 오르고 있을 세상의 모든 담쟁이들에게
나의 시가 작은 희망의 씨앗이 되길 소망한다.

2020년 6월 원주에서

이서은

목차

시인의 말	5

1부 — 희망이라는 이름의 꽃

희망이라는 이름의 꽃	12
집으로 가는 길	13
채워지지 않는 하루	14
내 이름이 뒤집혔다	15
만우절에 먹는 떡국	16
속옷가게에서	17
일은 해보기 전에는 모르는 것이다	18
열 개의 지문을 기다리며	20
어떤 인연	24
빈 병, 무죄	26
불금에 노가리는 무슨 죄	28
밥	29
나만의 쿼렌시아에서	30
노래방 6호실 호랑이	32
기약 없는 이별 통보	33
공시생의 사치	34
그해 겨울	36
골다공증	37
Genie야 삼겹살 구워줘	38
아빠 win	40

2부

13월의 눈사람

60년 만의 질문	42
내 취미는 귀동냥하기	44
202호 기생충	45
불공평한 밤	46
코로나, 총량의 법칙	47
까망눈	48
던져진 주사위처럼	50
1월 아카시아 꽃	51
잘 구워진 벽	52
2020	53
살찌지 않는 초코파이	54
루틴	55
갤럭시 S9보다 못한 인간	56
13월의 눈사람	57
첫눈	58
어느 별, 공범자들	59
마이 꽃	60
나의 미소를 칭찬할 때	62
김씨 아줌마의 빼빼로데이	63
백수	64

3부

검은 뿔의 독백

만취한 열차	66
감, 감 무소식	67
뒷모습	68
가을 하늘	69
검은 낱말의 몸값	70
서른 살의 야식	71
검은 뿔의 독백	72
눈동자에 씨앗이 자란다	73
엄마의 심장을 온도계로 재어본다면	74
달팽이관의 이유 있는 연주	76
시 쓰기 3요소	77
영원한 것은 없다	78
신조어는 너무 어려워	79
쿨타월 한 장과 바꾼 미소	80
배보다 배꼽이 더 크다	82
양말 보약	83
아름다운 낭만은 없다	84
잡초에게 미안하다	85
노을	86
행복	87

4부

하필 그해 봄이었다

아, 신발 끈	90
호빵	91
그러니까, 시인이여	92
백일홍의 사랑법	93
겨울을 가불하다	94
11,000원짜리 낮잠	95
어떤 순간	96
급체	97
시 쓰는 일	98
틈	99
하산	100
속물	101
하루	102
투정	103
삶은 +	104
봄 소풍 나온 책	106
하필 그해 봄이었다	107
새벽 2시	108
계절을 반납하다	109
어느 농장주인 얼굴이 궁금한 저녁	110
해설	111

1부

희망이라는 이름의 꽃

희망이라는 이름의 꽃

있잖아
나만 빼고 다 변하는 것 같아
그것도 번개보다 빠른 속도로 말이야
자꾸 무엇인가 해야 하고
도태된다고 느낄 때 있지
무엇을 할까보다
무엇을 하지 말아야 할지를 생각해봐
눈 뜨자마자 이부자리를 정돈하고
화장실로 바로 가서 세면하기
책 한 줄 필사하기
간단하지만 가치 있는 일에 집중해봐
깊은 우울감에 빠져보았더니
아침에 침대에서 일어나서
햇살을 맞이하는 게 얼마나 큰
축복인지 알겠더라
너무 많은 것을 하려고 생각하지 마
넌 그대로가 반짝이는 꽃이야

집으로 가는 길

노을이 눈썹 위로 떨어지고 있다

오늘 하루의 얼룩진
작업복을 벗어 던진다

오후의 태양만큼 뜨겁던 시간이
눈썹을 지나 이마를 지나
숲으로 사라지고 있다

내가 돌아갈 시간이 사라지고 있다

채워지지 않는 하루

파마를 했는지 커트를 했는지
도통 알아보지 못한다

소비품목 중 커피값이 가장 아깝다는
그대의 지갑에서 캐러멜마키아토를 주문한 날

캔 맥주 하나를 따고
찬장에 맥주 컵 두 개를 발견한다

찬장에서 발견한 빈 잔처럼
그대 없이는
채워지지 않는 하루가 가고 있다

내 이름이 뒤집혔다

겨울에서 봄으로
계절이 바뀌는 사이
바람이 나를 뒤집었다

여전히 시간은 두 음절 안에 머무는데
개나리와 목련은 서로 다른 세상을 보여주고 있다

드디어 이름이 뒤집혔다
바람결에 뒤집힌 천막처럼,

그리고 나도 뒤집혔다
35년 동안 살아온 이은서가
이서은이 되었다
이 땅 위에 새로 피어난 꽃이 되었다

만우절에 먹는 떡국

오늘은 어제라는 시간이 저지른 거짓말이다

거짓말 탐지기를 가슴에 차고
거짓말하지 않은 사람을 찾아보는 날이 오늘뿐일까

떡국처럼 찰진 마음 가진 사람이 그리운 사월의 첫날,

어제라는 시간을 푹 고아낸 육수를 넣고
딸꾹,
떡국을 먹는다

속옷가게에서

B컵과 C컵 사이에서 익숙하게 튀어나오는
숫자 앞에서 피식 웃었다

몰라도 되는 숫자를 너무 많이 알고 있는 사이지만
나만 알고 싶은 암호

헤지고 구멍 난 게 속옷뿐만이 아니라는 사실을
알아갈 때면 암호를 크게 외친다

사장님
100에 95요

일은 해보기 전에는 모르는 것이다

대학 졸업 후 자발적 비정규직을 선택했다.
짧은 1년여의 지방 신문사 인턴 생활과 여러 아르바이트
경험으로 일주일 내내 같은 동료와 상사를 만나며
주말만 바라보며 사는 삶은 나의 DNA에 없다는 것을 빠르게
인지했다.
물론 그 무모한 선택에 대한 대가는 참혹했다.
세상은 그리 호락호락하지 않았다.
일은 해도 불안하고 안 해도 불안하다.
정규직이라도 불안하고 비정규직이라도 불안하다.
결혼을 하고 흘러 흘러 자발적 백조가 됐고
주어지는 대로 닥치는 대로 일을 했다.
전업주부, 인터넷 쇼핑몰, 글쓰기, 네트워커…

봄이 막 시작된 3월이었다.
만년필 잉크라도 사서 쓸 요량으로 알바몬 9곳에 이력서를 냈다.
다 떨어지고 한 군데서 전화가 왔다.
친한 지인은 여자 '알리바바 마윈'이라며 위로해주었다.
수화기 너머 웃음이 터졌고
지인의 센스있는 순발력이 나를 웃게 만들었다.

전화가 온 곳은 어느 대학교에서 주관하는 수업에 파트타임
보조강사 역할이었다.
이것 역시 단기 아르바이트지만.

며칠 전부터 옷은 뭘 입을지 같이 일할 동료는 어떨지
어떤 일을 하는 건지
처음 보는 사람들을 어찌 대해야 할지 잠이 오지 않았다.
모두 부질없는 짓이었다.
일은 해보면 어렵지도 쉽지도 않다.
부딪쳐 보기 전까지는 모르는 일이다.
잘해냈다고 캠퍼스를 나오는데 구름이 어깨를 토닥인다.
봄 햇살이 참 좋다.

열 개의 지문을 기다리며

코감기에 걸려 흘러내리는 콧물을 닦으며 노트북 앞에서 키득거리는 신랑을 보고 있다.
주말이면 노트북으로 판타지 소설 읽으며 집안에 침거하길 좋아하는 신랑이
드디어 노트북을 덮으며 일어났다.
몇 분째 신랑 주위를 기웃거리며 갖은 애교에도 끄떡없던 고목나무 같은 신랑이
드디어 자리를 박차고 일어났다.
글쓰기 수업을 듣기 시작하고 집에 없어 매주 숙제로 한 편씩 쓰는 글을 프린트해달라고
신랑에게 부탁하고 있다.
부끄럽고 부족한 나의 글솜씨를 몇 달째 신랑에게 제일 먼저 검사 받고 있는 셈이다.
일요일 오후쯤이면 한글 프로그램으로 말끔히 작성한 숙제를 신랑에게 넘겨주곤 했는데
수업을 이틀 앞둔 일요일 오후까지 아직 한 글자도 적지 못하고 있다.
까맣게 타들어 가는 내 속도 모르고 키득거리며 소설을 읽고 있는 신랑이 야속하기까지 하다. 글 안 써지는 것이 신랑 탓이

란 말인가. 괜한 심술을 부린다.

"어휴 큰일이다. 이번 주 숙제는 아직 못했네." 푸념을 늘어놓는다.

내 말이 끝나기도 무섭게 여전히 시선은 노트북 화면을 향하고 있는 신랑은 "내일까지 천천히 잘 써봐" 역시나 싱거운 반응이다.

'아니 누가 그걸 모른담. 그런 대답이나 듣겠다고 몇 분째 신랑의 주위를 맴돌았단 말인가?'

나는 글을 써야 한다는 명목으로 외출하고 싶은 것이다.

내가 온갖 애교를 부리기 전에 신랑이 후다닥 외출 준비를 한다든가,

"뭐 하고 싶은 거 없어? 하며 주말 일정을 리드해주기 바라지만 이제 갓 720일을 한지붕 아래 동고동락 하는 동안 그런 일은 일어나지 않았다.

오늘도 먼저 부산을 떨며 "작가분들 진짜 대단한 거 같아. 창작의 고통이란, 매주 한 편의 글을 쓰는 것이 대단하다. 그치?" 하며 신발장 앞에 선다.

"그러니 매일 연재하는 작가들은 오죽하겠어. 어려운 일이야" 하며 신랑은 현관문을 가리키며 나가자고 손짓한다.

우리는 평소와 다르게 동네 외곽으로 향해 걸어가고 있었다.
첫 줄만 써내려가면 얼마 전 뚫어 뻥으로 뚫은 변기처럼 시원하게 써내려갈 것 같은데
참 답답하다. 몇 발자국이나 걸었을까.
동네를 산책할 때마다 한번 방문해봐야지 했던 핸드드립 커피숍에 들어갔다.
점심시간이 지났지만 밥보다는 아! 하고 감탄이 나올법한 커피 한잔과 답답한 내 마음을
따스한 햇살처럼 보듬어 줄 아늑한 공간이 절실했다.
마침 2인용 테이블 자리가 비어있었고 아담한 카페 내부를 빠른 눈으로 스캔했다,
영감을 얻으려고 카페 구석구석 사진도 찍어보고 코감기로 콧볼이 물고기 비늘처럼 허옇게
일어난 신랑 얼굴도 자세히 들여다본다.
'아, 첫줄' 커피잔은 점점 바닥을 드러내고 포근한 창가 자리에 앉아있지만 볼펜을 쥐고 있는 손은 아직 망부석이다.
커피잔 한번, 카페 주인 성향이 드러나는 책장 한번, 낮잠 자는 고양이 한번 쳐다보길 수십 번, 이런 것이 창작의 고통인가 보다.

언젠가 인간이 느끼는 고통의 순위를 1위부터 10위까지 측정해 놓은 자료를 본 적 있다.

인간이 느끼는 고통의 종류가 많지만 몸이 불에 탈 때 느끼는 고통이 1위였고 손가락 혹은 발가락이 절단될 때 느끼는 고통이 그다음 2위, 여성이 매월 한 번 월경 때 느끼는 월경통이 3위였다. 육체가 아픈 것은 아니지만 글을 쓸 때 느끼는 창작의 고통을 수치로 나타낸다면 어느 정도일까. 그 고통을 감히 측정할 수도 측정되어서도 안 된다고 생각한다.

주말 오후를 커피 한잔의 여유로 마무리 짓던 손님들이 카페를 썰물처럼 빠져나가고 그제야 나는 노트에 첫 줄을 썼다. 열 개의 지문이 차례대로 인식되고 있었다.

어떤 인연

두 시간을 만나기 위해
두 시간 반을 달려오는 사람

하나를 받고 열을 주려는 사람
소담스런 대화 속에
긴 침묵이 어색하지 않은 사람

시를 좋아하고 그 시의
사연을 궁금해하는 사람

비 오는 날
없는 우산을 원망하기보다
함께 비를 그려주는 사람

늘 겸손히 물어보는 사람
맑은 마음만큼 손 글씨가 예쁜 사람
뒤돌아서면 슬며시 미소 짓게 하는 그런 사람

그대와 나, 어떤 인연이기에
이토록 설레게 하는가

빈 병, 무죄

며칠째 소주병이 눈에 거슬린다
제 할 일 다 하고 나뒹구는 것들이
자리만 차지하고 있다

"둘, 넷, 여섯, 여덟, 열, 천원은 받겠군"

소주의 쓴맛은 몰라도 돈맛은 안다
추리닝 차림에 모자를 눌러쓰고 동네 마트에 간다

쨍그랑, 쨍그랑 경쾌한 빈 병 소리와 달리
주인장의 싸늘한 시선이 건너온다
한숨 한번 내쉬고 내미는 지폐 한 장
훑긴 왜 훑어?

아 이런 기분이구나
아 이런 시선을 느껴야 하는구나

인간은 그 입장이 되어보아야
진정 이해하게 된다고 했던가

지난날, 편견과 선입견으로
상처받았을 영혼에게 미안하다

돌아오는 골목
가로등 불빛 아래
폐지 담긴 수레 끌고 가는 노인이 뒷모습
구겨진 지폐처럼 쓸쓸하다

나도 모르게 이름 모를 그림자에게
고해성사를 한다

불금에 노가리는 무슨 죄

불금에 갇힌 병맥주의 몸값과
죽음이 가까워진 백발노인의
천국 가는 입장료를 맞바꾸었다

소박한 신혼집 방문 사이로
팽팽한 쩐의 전쟁이 시작되고
유일한 합의점인 방문 손잡이는
여름 내내 냉수마찰 중이다

목구멍이 포도청인 마누라는
시원한 맥주 한잔이 간절하다
차가운 마음의 손잡이를 허물고
노가리를 사이에 둔 채 마주 앉았다

쭉-쭉-쪽-쪽-
그놈, 참 잘 생겼네
티격태격 쌈박질은 이미 물 건너가고
불금의 포로가 된 노가리는 무슨 죄일까

밥

삐걱거리는 테이블에 놓인 밥그릇을 보며 생각한다
왜 밥을 먹는가
살려고 먹는가 먹으려고 사는가
어떻게 살아야 하는가
한 그릇 따뜻한 밥을 먹기 위해
나는 얼마나 나 자신을 학대하고 속여야 하는가
마음에도 없는 말을 늘어놓고
듣기 싫은 말에는 발길을 옮기고
스마트폰은 한시도 내려놓지 못하고
나는 왜 밥을 먹는가 다시금 생각한다
꼭 하고 싶은 말은 포도청 같은 목구멍 속에
꾹꾹 눌러두고
테이블에 올려놓은 따뜻한 밥,
집사람을 생각한다

나만의 퀘렌시아에서

살아내겠다고 살아보겠다고
꾹꾹 눌러놓았던 염증이
커피 맛을 내며 편도선을 활보한다

무사히 넘어가나 했건만
정유년을 하루 남겨 놓은 오후
목구멍이 커피처럼 씁쓸하고 아려왔다

남의 집 자식들은 연말이라고 흰 봉투에
배추 포기 차곡차곡 담아 어른들께 잘도 드리는데
나는 겨우 잠긴 목소리로 안부 전화 드릴 뿐이다

올해 처음, 구급약 통을 열었다
서랍장 구석에서 발견된
단골 카페의 꽉 찬 쿠폰 도장을 확인한다

기쁨, 슬픔, 공허함, 우울, 열정, 고민이 담긴
주인장의 훈장이 찍혀있다

늘 앉는 자리
나만의 쿼렌시아*에서 올해의 마지막 슬픔을 마신다

---

*   쿼렌시아(querencia)
1. 애정, 애착
2. (사람이나 동물의) 귀소 본능

노래방 6호실 호랑이

둘만의 방문은 처음이다
1년 만이다
음주가무와는 거리가 먼 듯
마이크를 거부하던 사내는
모든 세포를 이완하고 널브러져 있다
누구 하나 나무랄 곳 없는 붉은 조명 아래서
100점을 향해 혼신의 힘을 쏟고 있다
백 점만을 알아주는 세상에서 사내는 늘 그랬으리라
오늘 사내의 모습은 포효하는 호랑이다
그런데 이상하다, 분명 자주 부르던 18번인데
왈칵 눈물이 쏟아진다
탬버린에 슬픔이 찰랑, 거린다

기약 없는 이별 통보

하루 3번씩 사흘 연속 일방적인 이별 통보에도
막무가내다

편도선의 단호한 거절에도 불구하고
어느새 폐와 심장까지 송두리째 점령당했다.

콜록콜록, 콜록콜록
기침과 콧물로 범벅이 된
사랑의 영역표시 중이다

떠날 듯 말 듯
돌아섰다 다가섰다를 반복하다가
백의천사 주삿바늘에는 도저히 어쩔 수 없나보다

남아있는 하루 치 세 알들은 기약 없는 이별 통보를 남기고
다시 부화할 때를 기다린다

공시생의 사치

올봄 개관한 원주시립중앙도서관 자판기 앞에서
300원짜리 모카커피를 뽑는다.

취직이 안 돼 사시사철 좌우를 넘볼 수 없는
칸막이 안에 갇혀 지내는 공시생의
하루가 시작되는 것이다.

공시생의 유일한 사식인 커피 한 잔의 여유가 쌓여가는 동안,
가슴 졸이는 부모님의 주름도 쌓여갈 것이다.

찬밥을 먹어도 좋으니 취직만 할 수 있다면,
청소를 해도 좋으니 말단 공무원 시험이라도 붙었으면,

한여름에도 천 원짜리 시원한 캔 음료 하나 빼먹는 것조차
사치가 되는 공시생의 운명이라니,
오늘따라 커피의 쓴맛이 깊게 밀려온다.

칸막이에 막혀 있는 도서관,
칸막이에 막혀 있는 자판기의 곳곳에

완전범죄를 벗어날 수 없는
지문이 쌓여가고
벌써 징역 삼 년의 형기가 지나가고 있다.

그해 겨울

아침마다 머리에 고드름을 달고 살았다
바닷가에나 있음 직한 미역 줄기를
대롱대롱 머리에 매단 채 집을 나섰다
햇살이 쏟아지기 시작하면
고드름에 맺혀 있던 빗물이 떨어지기 시작했다
똑, 똑, 똑,
보일러에 넣을 기름이 없어
찬물로 머리를 감던
그해 겨울은
신기하게도 감기 한 번 걸리지 않았다.

골다공증

한겨울, 집 앞 골목을 나서면 집집마다

대문 앞에 하얀 뼛조각들이 수북이 쌓여있다

생을 다하여 고요히 숨을 거둔

구멍 난 세월처럼 구멍 숭숭 뚫린

뼛조각들은

세월의 흔적을 이고 있다

억만년의 생을 다한

몸속에 뚫려 있는

열아홉 개의 저 구멍이

나를 뜨겁게 밝혀 준

지상의 뿌리였단 말인가

Genie야 삼겹살 구워줘

꽃 피는 봄날 또다시 날아온 청첩장은 기쁘지가 않다
가정을 꾸려보니 한 달 경조사비가 만만치 않다
온갖 청첩장이 내 톡에 쌓여가고 배우자 톡에도 쌓여가는
잔인한 4월 지나가고 있다

요즘 인터넷 물건 배송은 어떻게 해주는지
싱글들은 무얼 먹으며 살고 있는지 궁금해
카카오톡에 주문해 도착한 선물 목록부터 열어 보았다

품앗이라며
오늘도 신사임당과 맞바꿔야 하는
주말의 낯부끄러운 황금 시간이 번개처럼 지나가고
봄 햇살 사이로 부부의 눈치 싸움은 계속된다

"나는 위가 크지 않아"
"신사임당 한 장 내밀고
주말 한 끼 맛없는 뷔페로 위를 채우고 싶지 않아
차라리 삼겹살을 구워 먹고 집에서 쉬겠어"
나만의 타당한 이유를 내세운다

보통 성인이라면 두 끼에
먹는 양이 많은 성인 남자라면 한 끼에
맛나게 구워 먹을 수 있는 삼겹살이다

뷔페를 포기하고
이미 주부가 되어버린 여자의 슬픈 운명을 생각하다가
집사를 부른다
Genie야, 삼겹살 구워줘

아빠 win

"확진자가 5명이나 나왔대
아빠 담배 좀 줄이시든지
이참에 끊어보자"

"다 팔자대로 사는겨"

골초처럼 담배 태워도 건강한 사람은 건강하고
한 대도 안 태워도 걸릴 사람은 걸리는 거구
코로나인지 크로나인지
너무 걱정 마

왜 아빠가 그 흔한 감기 한번 잘 안 걸리는지 이제 알겠다

오늘도 아빠가 win

2부

13월의 눈사람

60년 만의 질문

매일 아침 핸드폰으로 좋은 문장이 배달된다
엄마의 꿈에 관한 문구였다
바로 핸드폰을 들어 엄마에게 전화했다

"어… 엄마, 솔직하게 말해줘야 해
엄마 꿈은 뭐였어?
하고 싶은 일이나 좋아하는 일 없었어?"

그녀와 나 사이에 건널 수 없는 강을
바라보듯 잠시 침묵이 흘렀다

"글쎄. 생각해 본 적이 없어서
그때는 그런 거 생각할 겨를이 없었어."

용기를 낸 김에 만원 버스 앞사람을
밀치듯 한술 더 뜬다

"그럼 이런 질문 한 사람 내가 처음이야?"

"응. 물어본 사람 없지."

7남매 막둥이로 태어난 엄마의 꿈을 무엇이었을까
이제라도 물어봐서 다행이다

자주 물어야겠다
당신의 꿈
나의 꿈

내 취미는 귀동냥하기

귀에서 365일 매미가 운다
늘 바쁜 귀가 더 바빠졌다
글을 처음 쓸 때만 해도
시는 손으로 쓰는 줄 알았다

하지만 그건 착각이었다
시는 귀로 쓰는 것이었다

202호 기생충

곰팡이가 핀 벽을 마주 보고 서 있다
영화 기생충에서는 주인공이 사는
반지하 주택이 홍수에 잠겼다

개미 한 마리 지나가지 않는 오후,
휴대폰이 울린다

기다리던 사람의 승진 소식이 전해졌다

승진 기념으로 점심을 사겠다는 그가 고맙다
기생충을 관람하며 기생충을 찍었다

불공평한 밤

저녁밥을 똑같이 배부르게
먹었는데 신랑은 잘 잔다
요리도 내가 하고
설거지도 내가 했는데
코까지 골며 잘 잔다
사람이 어떻게 머리만 대면
잠들 수 있나 짐승 같다 생각하다가도
코 고는 소리가 위로가 되는
불공평한 밤이 깊어간다

코로나, 총량의 법칙

흑사병도 사스도 메르스도
비켜 갔는데,
택시도 아니고 맥주도 아닌
보이지도 않는 그것이
사람을 야금야금 갉아먹는다고 한다

까망눈

마스크로 입 가리고 이어폰으로 귀 막고 그나마 가리지 않은 눈으로
버스 정류장 전광판을 바라보는데 등 뒤로 비추던 햇살이 가려진다.
뒤돌아보니 입춘에 내린 눈처럼 소박하지만 선한 눈빛을 가진 머리카락이 단정한 할머니가
시내 나가는 버스냐고 묻는다.
이어폰을 귀에서 빼고 맞다고 시내 나가는 버스라고 대답한다.
직감적으로 어딘가 불편한 것을 감지한 나는 이거 타시면 돼요.
다시 한번 확인시켜 드린다.
그제야 "내가 까망눈이라… 한글을 몰라요 그래서 자꾸 물어봐요 미안해요"
습관처럼 입술에서 새어 나오는 말, 미안해요.
아, 이럴 땐 어떤 반응을 보여야 하는 것인지.
학교에서 알려줬더라면 참 좋았을 텐데.
멀리 파란색 버스가 보이고 아가씨도 이 버스 타냐며
사슴 같은 할머니 눈빛이 흔들린다.

친절한 사람도 많지만 그렇지 않은 사람이 더 많은 거 같다며
동네 은행에 방문했다가 민폐 끼친 거 같아서 시내 은행으로
간다는
묻지도 않은 일화를 쏟아 낸다.
장갑 벗고 이어폰을 귀에서 빼고 눈 한번 맞춰준 수고로움이
고마웠는지
한 정거장 먼저 내리면서 뒷문 앞에서 연신 인사를 한다.
"아가씨 고마워요"
무엇이 할머니를 엄동설한에 시내 은행으로 향하게 했을까.
눈이 멀쩡하지만 마음이 까막눈인 채로 살아가는 내가 부끄러
워졌다.

던져진 주사위처럼

"엄마 이러다 뒤지면 보험금도 못 받아"
20대 초반으로 보이는 딸이 무단횡단을 하려는
엄마에게 버럭 화를 낸다

"괜찮아 차도 안 오는데 뭐"

"우회전하는 차도 못 봤어?
큰일 난다고"

정화되지 않은 거친 딸의 말이
이상하게도 따뜻하게 들린다

던져진 주사위처럼
알 수 없는 인생

누가 우리의 생과 사
순간을 염려할까

1월 아카시아 꽃

원주 시외버스터미널 여자 화장실에서
중년 여성이 환한 얼굴로 휴지통을 비우고 있다
마침 볼일을 보고 나오는 여대생이 중년 여성을 향해
'엄마, 나 간다' 하며 인사를 한다
한두 번 마주친 순간이 아닌 듯 엄마는 답한다
'그래, 집에서 보자'
거리는 1월인데 화장실 칸칸마다 아카시아 향이 번진다

잘 구워진 벽

아침마다 설익은 마음을 굽는다
오래된 토스트기 때문이라고 변명해 본다
노릇노릇 잘 구워진 벽과 벽 사이
당신과 내가 누워있다

2020

불조심 포스터를 억지로 그리던 시절
2020년은 공상과학책이나 SF영화에서나
존재하는 숫자인 줄 알았다

영화 '써니'에서는 물도 사 먹는 날이 올 것이라고 했다

미친 사람 취급하며 펑펑 넘치는
물을 왜 사먹느냐고 여배우가 말했다

서른이 되면 무슨 즐거움으로 살아갈까

척척 만능 해결사가 되어있을 줄 알았던 나이,
경자년 새해 첫날 아침 서른다섯이라는
낯선 숫자 하나가 내 눈에 들어왔다

살찌지 않는 초코파이

냉동실 같은 골목을 가로질러 한 사내가 내게 오고 있다.
그의 얼굴은 이미 스마트폰으로 확인했다
"띵똥~"
오늘은 절대로 문을 열어 주지 않을 것이다.
이미 한 시간 전에 현관문에 경고문을 붙여두었다.
"올 한 해 택배 잘 받았습니다"
그리고 오리온 초코파이 "情" 하나를
걸어 두었다.

루틴

내장지방이 가득한 돼지저금통의 배를 가른다
마지노선이 임박한 자본주의와 바꾼 캔 맥주 한 모금
랜덤으로 나오는 음악은 겨울비처럼 슬플수록 좋다
소장한 가방보다 비싼 만년필 대신
연필 한 자루 깎아서 손에 쥔다
오늘 저녁에 구워 먹을 삼겹살 한 덩어리는
이 순간 사치다
머리가 아닌 가슴을 열어야 한다
진부한 한 줄의 자기계발 페이지는 필요치 않다
내 삶의 꽃을 피우기 위해
이 순간, 한 문장을 살아내야 한다

갤럭시 S9보다 못한 인간

핸드폰 배터리가 빵빵한 날 길을 잃었다
왕복 4차선 도로 한가운데서 여기가 어디냐고 누구라도
붙잡고 소리쳐 묻고 싶었다
길을 묻지 않는 세상에서 길을 묻는 이가 별종이 된 세상
손금을 데우는 핸드폰 배터리는 더 이상 위로가 되지 않았다
그냥 뜨거운 심장을 가진 누군가에게
어디로 가야 하느냐고 묻고 싶을 뿐이다

13월의 눈사람

목욕탕에 가지 않는다
호떡 뒤집듯 투명한 장판 위에서 이리저리
몸을 뒤집기에는 민망한 나이가 되어 버렸다

0.5kg을 줄이고 먹는 베지밀은
유통기한이 지난 지 오래다

스스로 나이 먹지 못한 365일
묵은 각질이 하늘에서 펑펑 쏟아지고 있다

첫눈

서쪽 하늘 염전이 터져
쏟아진
소금꽃

어느 별, 공범자들

둥근 돌 하나씩 가지고 태어났다
빛나진 않았지만 저마다 심장이 뛰었다
언제부터였을까
조각난 파이처럼 심장은
부서지기 시작했다
세모도 네모도 모르지 않았다
금이 간 파이를 먹느냐고 모두들 분주했다
달콤한 파이에 취한 사이
별은 그렇게 제 심장을 파먹고 있었던 것이다
누구나 반짝이길 원하던 그곳에서
우리는 모두 공범이었다

마이 꽃

화가가 꿈이었던 초등학교 3학년 시절까지
충북 음성군 삼성면 능산초등학교를 다녔다.
학교 교가에 나오던 마이산
'마이산 줄기차게 뻗은 기상에~'
구구단 외우듯 교가에서 외우던 마이산을
드디어 서른이 넘어 오게 되었다.

요즘 나는 한참 트레킹의 매력에 빠져있다.
마이산에 오를 수 있을 줄 알고 파란 창에 검색해 본다.
영화 매트릭스에 '길은 아는 자와 길을 가는 자는 다르다'라는
대사가 나온다.
마이산은 검색으로만 오를 수 있는 산이다.

돌과 돌 사이, 돌과 구름 사이를 지나
정성스럽게 한 발 한 발 내디딘다.
아직 나는 마이산에 대해 모른다.
영원히 모를지도 모른다.
이곳에 와서 한 가지는 분명히 알았다.
그토록 걷고 걷는 그 길 끝에는 언제나 사람이 있다는 것을

박노해 시인의 말처럼 사람만이 희망이라는 것을 알았다.
진안 수항골에서 연꽃 향기 닮은 맑은 사람을 만나
마이磨耳 꽃을 피웠다.

나의 미소를 칭찬할 때

"용식씨 너무 따뜻하고 좋아요"

드라마 동백꽃 필 무렵에서 동백이가 용식이 엄마에게
울먹거리며 말한다

"그치 용식이 참 따뜻하고 좋지.
내가 그리 키웠어."

그 애 눈에는 예쁘고 좋은 것만 넣느라고
내 인생은 없었다는 용식이 엄마의 고백

그날은 미용실을 다녀온 날이었고
기념으로 셀카를 찍었다

사람들이 백만 불짜리라고 칭찬하는
미소 속에 엄마의 삶이 일렁인다

김씨 아줌마의 빼빼로데이

편의점 앞에서 웃고 있는 빼빼로 과자가 낯설다
달달한 사탕발림에 발길이 흔들린다
출처가 불분명한 젓갈 냄새가
소매를 잡아끈다
그래,
돼지고기가 몇 근이냐
동면 중인 김장 김치를 불러내 달빛 아래서 빼빼하게 웃어야
겠다

백수

맨주먹으로 태어나 장갑 하나 얻었다
거칠지만 화려한 망사였을까
어느 자판 싸구려 레자였을까
스무 살 겨울 골목을 누비던
늘어진 벙어리장갑이었을까
기억이 녹아내렸다
열 개의 장갑이 필요하지는 않았다
봄바람에 지문을 말린다
물들지 않은 하얀 복숭아가 손을 흔든다

3부

검은 뿔의 독백

만취한 열차

정신없이 달리는 삶의 속도에 지칠 때
무궁화호 기차를 타야 한다

박하 향 나는 낯선 청년 옆자리에 앉아
흑백사진처럼 지나가는 계절을 차창 밖으로 구속하고 싶다

좁은 의자 사이로 부대끼는 일상의 허리띠를 풀고 속절없이 출렁,
무궁화호 열차는 술 취한 레일 위를 숨 가쁘게 달려간다

감, 감 무소식

눈치 없이 밝은 달을
시샘하는 가을 저녁,
노을의 입을 벌린 채 서 있어도
감은 떨어지지 않았다

뒷모습

흔들리는 것은 등이 없다
벌건 대낮에 다리가 풀린 코스모스,
불어오는 바람에게 인사를 건넨다

아버지를 터미널에 배웅하고 오던 날도 그랬다
다리가 풀린 코스모스에 가려
끝내 아버지의 등은 보이지 않았다

가을 하늘

커피 한잔 할래요?
아,
설탕이 빠졌군요

하늘 한번 올려다봐요
구름 한 덩어리
당신 찻잔에 띄웠습니다

검은 낱말의 몸값

햇살 좋은 오후,
일용직 아르바이트를 갔다
이름 석 자 새겨진 명함도 없고 해서 '얼음 판화' 동인지를 선물했다

시인이셨군요
한마디 더 붙인다
그런데 힘드시겠어요
공감을 얻어 낸다는 게,

시만 쓰시나요?
시만 써서 밥 먹고 사느냐는 말이다
시 써서 돈 벌고 싶은 생각 없습니다
내가 쓴 흰 원고지 위에 나뒹구는 글씨의 값은 얼마일까

서른 살의 야식

싱크대 끝에 매달려 냉장고 문을 불쑥 열었다
고추장에 쓱쓱 비벼 잔반을 보약처럼 먹어치웠다
서른 살의 세상은 서투름투성이였다

딸아 너는 늦은 밤 싱크대 앞에 서지 말아라
딸아 미련 없이 잔반은 한쪽 눈 감고 버려라

살다가,
살다가 늦은 저녁 싱크대에 기댈 수밖에 없는
가슴 시린 날이 온다면
나는 또다시 엄마가 보고 싶을 것이다

검은 뿔의 독백

저녁 9시, 유일하게 하늘이 열리는 시간이다
딱히 하는 일도 없는데 늘 분주하다
하루 치의 양식을 구입할 여유도 없이 폐점 시간 마트에서 구입한
싸구려 포도송이를 구겨진 접시에 던져준다
작은방 하나를 차지하고 있는 장수풍뎅이가
수저 대신 뿔을 치켜세우고 밥그릇 전쟁 중이다
자정 넘은 달빛이 때죽나무 가지를 건너오고 있다
새벽이 오기까지 장수풍뎅이는 방을 모두 먹어 치우고
두 개의 뿔로 강을 건너고 있다

눈동자에 씨앗이 자란다

단추 구멍 속에 씨앗이 하나 돋아났다
해바라기 씨보다 작은 씨앗이 통증까지 유발한다
옥상 텃밭에 심은 수박씨 참외씨 상추씨는 잘도 자라는데
눈동자에 뿌려진 씨는 자라지도 않고 썩지도 않고 요지부동
이다
빼내려고 하면 할수록 더 깊이 박혀 단춧구멍을 맹렬하게 공
격한다
내 눈에 박힌 티눈 하나 어쩌지 못하면서
무엇의 티를 뽑으려 했던 걸까

엄마의 심장을 온도계로 재어본다면

폭염이 기승을 부리는 낮 12시
자유시장 정문 앞에 엄마 또래의 단아한 중년 여성이 서 있다
커피 쿠폰을 행인들에게 나누어 준다

처음 보는 상호다
쿠폰을 받아들고는
"어디에 있는 거예요"라고 물었다

"계단을 내려가서 우회전해서요"
참 친절히도 알려준다

땀에 범벅이 된 핸드폰 케이스 뒷면에
쿠폰을 아무렇게나 구겨 넣고
돌아서는 등 뒤로 정오의 햇살보다 더
뜨거운 심장을 두드린다

스마트폰이 알려주는 현재 기온은
체감온도 39도

불볕더위보다 더 뜨거운
아지랑이 엄마 가슴에도 피어나고 있을까?

달팽이관의 이유 있는 연주

입추는 아직 멀었다
양쪽 귀에서
매미 소리가 울려 퍼진다
입이 하나이고 귀가 두 개인 이유는
말하기보다 듣기를 더 많이 하라는 신의 배려이다
돌이켜보면 하나뿐인 입으로 쓰레기처럼 소음을 쏟아냈다
듣지 말아야 할 말로 달팽이를 괴롭혔다
소음으로 가득한 세상에서 달팽이는
오늘도 이유 있는 연주를 한다
맴~맴~
24시간 멈추지 않는 이명이다

시 쓰기 3요소

비굴하지 않을 정도의 통장 잔액
믹스커피 두 봉지를 반쯤 채운 따뜻한 종이컵
창문을 두드리는 지겨운 장맛비

영원한 것은 없다

태풍이 없다
햇빛도 없다
모두 지나간다

신조어는 너무 어려워

치악로 1948번지 퓨전 술집 헤이 헤이
벽면 한쪽 낙서로 가득하다
'사장님 좋아요'
'멋져요'
눈에 띄는 단어 있었으니
바로 존맛탱*
베이비부머 시대 태어나
반백 년을 살았지만
적응되지 않는 외계인 같은 낱말들
요리는 밤새 하라면 할 수 있어도
낙서 해독은 풀리지 않는 숙제다
신조어는 졸라 어렵다

---

* 존맛탱– 매우 맛있음을 뜻하는 '존맛' 강조하는 의미로 '탱'을 붙인 말

쿨타월 한 장과 바꾼 미소

초복 날 아침 서늘한 바람이 분다
계절은 속절없이 흐릿해진다
매일 먹는 치킨이지만
먹지 않고 보내기에 섭섭한 날

이열치열 삼계탕 한 그릇
두둑이 배를 채우고 버드리가 왔다는
원주 막걸리 축제장으로 발걸음을 옮긴다

버드리 왕 팬인 엄니
원주 막걸리 축제에 온 품바 여왕 버드리
실물로 봤다며 입가에 미소 한가득이다

작은 체구에서 어떻게 저런 목소리가 나오는 걸까
눈만 말똥말똥 감흥 없이 30분째 앉아 있다
슬슬 눈치가 보인다

비누, 엿, 동전 파스, 쿨타월, 없는 게 없네
때마침 각설이와 눈이 마주친다

"만원만 줘봐"
옆자리 엄니 옆구리 쿡쿡 찌른다
쿨타월 한 장 목에 걸치고
귀가 호강하는 복날의 오후가 간다

배보다 배꼽이 더 크다

인터넷에서 여름 샌들을 샀다
분명 맞는 치수인데

아뿔사

발목이 너무 두껍다
수선비가 더 들어가겠다

젠장, 배보다 배꼽이 더 크다

양말 보약

친정아버지와 단골집에 순대국밥 먹으러 갔다
'천진 한의원'이 찍힌 체크무늬 가방을 바닥에 떡하니 내려놓는 아버지,
"박 서방 갖다 줘라"
순박하고 따뜻한 음성이 식당 가득 번진다
한약이라도 담긴 줄 알고 속물근성이 발동한다
거북이 등 같은 거친 손등은 안중에도 없다
참 철딱서니 없지
신나게 지퍼를 열어 내용물을 확인했다
참숯보다 더 뜨거운 천진 한의원표 신사 양말이 가방 가득 펄펄 끓고 있었다

아름다운 낭만은 없다

신용카드를 자른 지 365일째다
자발적 가난을 선택했다
자본주의 앞에서 통장은 무력해진다
늦은 오후 먼지를 닦아낸 마른걸레 짜듯
각박한 계절이 지나간다
춘삼월인데 눈이 후하게 내린다
아~ 입을 벌렸다
낭만과 바꾼 가래떡이
목젖을 관통했다

잡초에게 미안하다

원주천을 걸었다
이름 모를 풀들이 올라왔다
아무 생각 없이 풀을 밟았다
풀은 누웠다
아니, 다시 일어날 기미가 없었다
겨우내 내 옆구리에 붙은
살이 생각났다
딱, 5kg만 빼야겠구나

노을

네가 아름다운 건,
태양의 아픔을 모두 감싸 안았기 때문이야

뜨거웠던 너의 하루처럼

행복

꿈이 까마득하게
멀게만 느껴지는 날,
막연하게 시야를 옮겨
발꿈치를 든다

하루를 마감하는 이 순간
사랑이 어깨를 걸고
아득하게
눈을 뜬다

4부

하필 그해 봄이었다

아, 신발 끈

씨브

스프

에잇 신발,

한참 걷다 보니
욕이 나온다

문득 씨브, 스프의 어원은 신발이 아닐까
생각해 본다

신발에 힘들어가는 소리

아유, 신발
신발 끈을 고쳐 묶는다

호빵

네가 작아진 걸까
내 창자가 커진 걸까

그러니까, 시인이여

시를 쓰기 시작한 이후로
일주일이 7초 같다

아,
또 무슨 변명을 해야 하나
참말로 글이 안 써진다

이럴 때 만해와 백석은
무슨 생각을 했을까

지난밤, 꿈에 나타나
함께 시를 쓴
윤동주도 있다

그러니까
시인이여,
철없는 부르주아가 되기보다
가난한 창자를 틀어쥐고
잉크 냄새로 배를 채워야 한다

백일홍의 사랑법

그대 오시려거든
햇살 좋은 날
내게 오시라

그대 닮은
가을 하늘 아래로 오시라

우리가 첫눈 오는 날
마주할 수 있다면

오늘부터 1일
붉은 지문 비비며

100일 동안을 눈빛 맞춰야 하리라

겨울을 가불하다

소주보다 독하고
담배보다 치명적인 계절이 온다

올해도 심장이 물들기는 글렀다

한때는 이기고 싶었다
아니 이길 수 있을 거라 생각했다

소주 반병만큼 눈물을 삼킨다

제기랄, 계절을 가불해야 할 것 같다
이번 생애는 글렀다

11,000원짜리 낮잠

말복을 가불받았다
송어 비빔 회 한 그릇
해치우고

전기료 걱정 없는
극장으로 피난을 갔다

2시간 숙박료는 11,000원
세상에서 가장 달콤한 꿀잠을 잤다

어떤 순간

언제부터 글 쓰는 재주가 있었냐?고 누군가 물었다

고양이가 담장 너머로 자취를 감추는 순간이라고 해야 할지
오랜 체증이 만성 그리움으로 판정을 받은 날이라 해야 할지

모를 일이다

편의점 신상 메뉴를 가득 담다가 '띠리릭' 한도 초과를 알리던
순간인지

헌 책을 팔아 새 책을 구입하던 어처구니없던 욕망 때문인지

한여름 목덜미에 흐르는 땀인지 눈물인지 모를 것들을 훔치는 순간인지
모를 일이다

이런 것도 시가 되는 의구심 앞에
이래서 시가 된다는 명백한 진리를 깨닫는
폭염 속 오후

급체

그리움으로 과식한 비구름이
하루 종일 구역질이다

실컷 토해낸 하늘은
편안한 모습이다

그리움도 쌓이고 나면
빗방울이 될까

이 비가 그치기 전
그대가 왔으면 좋겠다

시 쓰는 일

새의 애무에 눈을 떴다
창밖은 검푸른 새벽이다
희망을 고문하는 시간들이
먼지처럼 쌓여 있다
세 발가락 나무늘보 세포는 아직 잠들어 있다
느리게,
더 느리게 아침이 오면 좋겠다
꿈속에서라도 새가 되어
한번은 날아볼 수 있게,
시에도 자유의 날개를 달아볼 수 있게

틈

잠들기 전 고민거리가 생겨
걱정하다 잠이 들었다

아침이 되자
'절대 안 돼' 했던 마음이
'이런 방법도 있어' 하며 닫힌 문을 빼꼼 열고
노크한다

하룻밤의 위력은 대단하다
마음이든 나무든 틈이 있어야 깃드는 법이다

하산

산에 오르면 나도 모르게 착해지려고 한다
조금 전까지 온라인 쇼핑몰 신상에 집중되었던 눈길은
나무의 뿌리로 향한다

넓은 평수로 이사 간다는 친구의 배 아픈
연락도 자연스레 피할 수 있다

가끔 사는 일이 버거워도
자연은 얽히고설킨 내 마음을 받아준다

인간의 탈을 쓴 가짜들의 냄새가 역겨워
신이 콧구멍을 내어준 것이라 생각하면서도
거칠고 축축한 몸뚱이를 끌어안고
나는 다시 사람 냄새를 맡으러 간다

속물

혀를 감싼 검은 별들이
촘촘히 박힌 목젖을 내보인다
어금니가 아프다던
낯익은 남정네의 목젖이다
밤하늘 별도 따주겠다던 고백을 들었지만
겨울바람 스며든 빈 주머니가 더 걱정이다

하루

밥이 끓는다
미역국 냄새가 번진다
오늘 하루도 이만하면 됐다
살아갈 이유가 충분하다

투정

남의 편이 되어버린 여자가 별을 쏟아 내듯
외로움을 쏟아 낸다

사는 게 재미없다
인생이 뭐 이러냐

내 편이 없어서 허전한 여자가
별을 삼키듯 외로움을 삼키고 있다

삶은 +

산책 나서며 혹시나 하는 마음에
주머니에 구겨 넣은 지폐 한 장
일주일 치 행운을 구입하겠노라
단골 복권방으로 향하는 발걸음이 새털처럼 가볍다

가는 날이 장날이다
'개인 사정으로 오늘은 일찍 문을 닫습니다'
'그럼 그렇지'

산책길 분기점에서 동네서점이 눈에 들어왔다
어느 놈이 이익이 될까
들었다 놨다 십여 분째
머릿속으로 빠르게 계산기가 돌아간다

골수를 헤엄치는 수학의 정석 방정식은
가난한 시인에겐 아무짝에도 쓸모없다

다행이다

거스름돈으로 지폐 두 장을 돌려받았으니

남는 장사 아닌가

봄 소풍 나온 책

허리디스크 진단받은 지 3년째다
제구실 못 하는 건축학 개론, 물리학 개론
반납일 넘긴 어느 도서관의 손때 묻은
자기계발서는 동면 중이다
고리타분하고 네모난 것들에게
신경 쓸 여력이 없다
오후 3시 유일하게 외출이 허락되는 시간이다
발걸음이 305호를 벗어나고 있다
얼굴이 봄볕을 받아 화사하고
발걸음은 두루미처럼 사뿐하다
포토존을 찾는 그녀의 겨드랑이에서
벚꽃 향기가 났다

하필 그해 봄이었다

2014년 4월 어느 날
햇살보다 화사한 개나리 꽃잎들 나비 따라
하늘로 갔다

검푸른 바다 위에
샛노란 개나리꽃 무더기무더기
피워 올렸다

해마다 봄이 오면
진도 앞바다에 피어나는 삼백네 송이 노란 꽃
햇살보다 화사하게
피어나겠다

새벽 2시

태양의 뜨거운 열정을 잃었다
호탕한 웃음의 가면을 벗었다
고뇌로 얼룩진 외투도 벗었다
정오의 햇살처럼 찰랑거리는 장신구도 벗어버렸다
홀연히 생의 경계에 선
새벽 두 시는
길 잃은 고양이처럼 슬프다

계절을 반납하다

볕에서 봄 냄새가 난다
1월 13일 오후 2시
무릎 아래서 쑥부쟁이가 웃고 있다
하얗게 꽃을 피운 것도 아닌데
별처럼 반짝거린다
반납일이 다가온 책을 반납하듯
겨울을 반납하고
봄을 빌리러 간다

어느 농장주인 얼굴이 궁금한 저녁

입추가 지나서야 복숭아 맛이 궁금해졌다
클릭 몇 번이면 거실까지 배달해 주는 인터넷을 뒤졌다
태풍으로 눅눅한 마음 달래느냐고 잊고 있던 복숭아

바람의 결이 한결 너그러워진 저녁
고객님 덕분에 올해도 농사가 잘되었다는
구구절절한 문자 한 통이 날라왔다
문득 농장주인 얼굴이 궁금해졌다

처서를 닷새 앞둔 주말 아침
가을바람 머금고 스물다섯 개의 선홍빛 눈빛이
현관문 앞에서 웃고 있었다

해설

존재의 깨달음과 사유의 깊이를 동행하는 이정표를 보다

김남권(시인. 계간 문예감성 주간)

해설

존재의 깨달음과 사유의 깊이를 동행하는 이정표를 보다
-이서은 시집 『잘 구워진 벽』을 읽고

김남권(시인. 계간 문예감성 주간)

　2020년 상반기 '코로나19 바이러스'가 팬데믹으로 전 세계를 마비시키고, 수백만 명이 감염되는 현상이 이어지고 있다. 이미 14세기 도시국가 이탈리아를 거쳐 유럽 전역을 휩쓸며 인구 절반이 사망했던 흑사병의 21세기 진화된 버전이 아니냐는 우려가 나오는 상황이다. 흑사병은 감염되고 나면 사흘 동안 앓다가 나흘째 죽는다는 공포의 질환으로 알려져 있으며 알베르 카뮈는 이를 토대로 『페스트』라는 소설을 발표해 세계적인 베스트셀러가 되었으며, 올해 코로나 바이러스가 유행되며 이 소설이 다시 조명을 받고 있다.
　그런데 흑사병의 대유행이 지나가고 난 후, 이탈리아를 중심으로 문화부흥운동이 일어나 예술의 르네상스 시대가 열리는 아이러니한 현상을 겪게 된다. 피렌체 성당의 성 세바티아누스 조각상은 당시 왕실 근위대에 소속되어 있던 세바티아누스가 온몸에 화살을 맞고도 살아남아 성인의 반열에 올랐다는 전설과 함께 조각상으로 남아 후세에 전해지고 있으며, 산타마리아 노벨라 성당의 벽화 등에서도 흑사병 이후 18세기까지 문예부흥의 흔적들을 발견할 수 있다.

 우리나라도 마찬가지였던 것 같다. 고려가 몽골의 침략으로 풍전등화 같았던 나라의 운명을 겪으며 팔만대장경이라는 인류문화유산이 탄생해 오늘에 이르고 있는 것처럼 인류는 끊임없는 고난과 시련을 통해서 문명이 진화하고 문화예술이 발전하는 계기를 만들어 왔다.
 이미 우리는 '코로나 시대의 예술'이라는 새로운 장르를 만들어 가고 있다. 수많은 문인들이 코로나바이러스의 공포와 대유행을 문학작품으로 남기고 있으며, 미술가들은 슬픔과 분노를 붓으로 담아내고 음악가들은 장기간 우울증에 빠져 있는 시민들의 지친 마음을 노래와 악기로 달래주고 있다. 이러한 상황 속에서 이서은 시인의 시집 『잘 구워진 벽』에도 코로나 시대의 삶과 슬픔이 그대로 반영되고 있으며, 한 시대를 건너가는 젊은 시인의 순수하고 맑은 감각이 언어의 숨결로 반짝이고 있다.
 현실에서 도피하거나 외면하지 않는 이서은만의 직진 신호가 곳곳에서 나타나는 시편들은, 2017년 처음으로 원주 청소년문화의 집에서 '나도 작가' 글쓰기 과정을 시작하면서부터 이어져 이서은의 독특한 시그니처로 남아있다.

오늘은 어제라는 시간이 저지른 거짓말이다

거짓말 탐지기를 가슴에 차고
거짓말하지 않은 사람을 찾아보는 날이 오늘뿐일까

떡국처럼 찰진 마음 가진 사람이 그리운 사월의 첫날,

어제라는 시간을 푹 고아낸 육수를 넣고
딸꾹,
떡국을 먹는다

「만우절에 먹는 떡국」 전문

    우리는 누가 갑자기 딸꾹질을 하면 '너 거짓말 했지?' 하고 당장 물어 본다. 이는 거짓말의 시그너처로 '딸꾹질'을 고착화 시켰기 때문이다. 피노키오의 코가 거짓말을 할 때마다 커진다는 동화와 같은 현상이다. 첫 행에서 '오늘은 어제라는 시간이 저지른 거짓말이다'라는 시도는 거짓말 같은 하루가 지나고 새로운 하루가 열린 것은 거짓말처럼 아무 일 없이 지나간 시간에 대한 역설이다. 거짓말 탐지기를 차고 있지는 않지만 이미 우리는 양심이라는 거짓말 탐지기를 하나씩 태생적으로 차고 나왔기 때문에 남들은 속일 수 있어도 절대로 자기 자신만은 속일 수 없다는 현상을 딸꾹질을 통해 표현하고 있다. 그날이 비록 일 년에 단 한 번 거짓말을 해도 된다는 만우절이라도 결국 양심은 속이지 못해 딸꾹질을 할 수밖에 없는 상황을 그려내고 그런 속에서도 속까지 찰진 하얀 떡국을 먹는다는 아이러니를 역설적으로 보여주고 있다.

불금에 갇힌 병맥주의 몸값과
죽음이 가까워진 백발노인의
천국 가는 입장료를 맞바꾸었다

소박한 신혼집 방문 사이로
팽팽한 쩐의 전쟁이 시작되고
유일한 합의점인 방문 손잡이는
여름 내내 냉수마찰 중이다

목구멍이 포도청인 마누라는
시원한 맥주 한잔이 간절하다
차가운 마음의 손잡이를 허물고
노가리를 사이에 둔 채 마주 앉았다

쭉-쭉-쪽-쪽-
그놈, 참 잘 생겼네

티격태격 쌈박질은 이미 물 건너가고
불금의 포로가 된 노가리는 무슨 죄일까

「불금에 노가리는 무슨 죄」 전문

  가난한 시인의 주말 일상이 비유와 상징을 통해서 삶의 이미지로 반영되고 있다. 빈 병을 바꾸어 다시 맥주를 사는 삶이 결코 녹록지 않음을 보여주고 있지만 저승 갈 차비를 마련하기 위해 빈 병을 주우러 다니는 노인을 위해 기꺼이 빈 병을 내놓고 병맥주 한 병에 노가리를 뜯으며 부부싸움으로 얼룩졌던 마음도 시원한 맥주 한 잔에 날려버리는 일상의 소소한 행복을 담담하게 그려내고 있다. 대부분의 소시민은 이렇게 하루를 마감하고 있을 것이다. 누구의 노고가 되었든 누구의 슬픔이 되었든 시인의 시를 통해서 공감하고 위로를 받으면 되는 것이다. 부자든 가난한 자든 하루의 길이는 똑같다. 그리고 아무리 좋은 음식을 먹어도 몇 시간 지나고 나면 여지없이 세상 밖으로 배설해야 하는 것이 몸의 섭리다. 그 삶을 이어가는 사람의 행복은 결코 잘 먹고 잘산다고 이루어지는 것은 아니다. 티격태격 크고 작은 다툼을 이어가지만 그 마무리는 맥주 한 잔을 마시면서 풀고, 세상의 위선과 허위를 노가리를 씹으면서 시원하게 날려버리는 가장 소시민적인 행복이야말로 이 순간을 잘 살고 있는 것이 아니냐는 반문하고 있는 것이다.

살아내겠다고 살아보겠다고
꾹꾹 눌러놓았던 염증이
커피 맛을 내며 편도선을 활보한다

무사히 넘어가나 했건만
정유년을 하루 남겨 놓은 오후
목구멍이 커피처럼 씁쓸하고 아려왔다

남의 집 자식들은 연말이라고 흰 봉투에
배추 포기 차곡차곡 담아 어른들께 잘도 드리는데
나는 겨우 잠긴 목소리로 안부전화 드릴 뿐이다

올해 처음, 구급약 통을 열었다
서랍장 구석에서 발견 된
단골 카페의 꽉 찬 쿠폰 도장을 확인한다

기쁨, 슬픔, 공허함, 우울, 열정, 고민이 담긴
주인장의 훈장이 찍혀있다

늘 앉는 자리

나만의 쿼렌시아에서 올해의 마지막 슬픔을 마신다

「나만의 쿼렌시아에서」 전문

 삶의 흔적들은 곳곳에서 나타난다. 열정이나 기쁨 뒤에도 후유증은 나타난다. 그리고 슬픔과 공허 뒤에 오는 우울은 그 깊이가 다르다. 그런 현상이 반복되면 몸에 이상 신호가 잡히기 시작하고 급기야는 쉬라는 신호로 몸살이 찾아오기도 하는 것이다. 그런데 내 몸이 아픈 것보다
 내가 사람 구실을 못하게 되는 것이 더 슬픈 것이다. 부모에게 안부 인사를 전하지 못하고 친한 사람과의 암묵적 약속을 지키지 못하는 상황이 오면 내가 왜 사는지, 무엇 때문에 살고 있는지에 대한 근본적인 화두에 빠지게 된다. 그리하여 결국은 자신이 살아온 삶의 궤적을 돌아보게 되고 앞으로 살아 나갈 길에 대한 방향타를 다시 설정하기도 하는 것이다.
 그래서 우리들은 나만의 힐링 공간이 필요하다. 그리고 나를 위로해 줄 한 사람도 필요하다. 그런 사람과 장소를 통해서 자신이 위로받고 치유 받아 또 하루를 살아낼 수 있기 때문이다. 그런 과정들을 겪지 못하는 사람들의 상처가 밖으로 쏟아져 나올 때 다른 사람에 대한 분노와 갈등으로 표출되어 또 다른 갈등과 심각한 상처로 세상을 공포와 슬픔으로 몰아넣곤 하는 것이다. 이서은은 자신만의 치료법으로 스스로 상처

를 치유하고 회복하는 법을 아는 것이다.

아침마다 머리에 고드름을 달고 살았다
바닷가에나 있음 직한 미역 줄기를
대롱대롱 머리에 매단 채 집을 나섰다
햇살이 쏟아지기 시작하면
고드름에 맺혀 있던 빗물이 떨어지기 시작했다
똑, 똑, 똑,
보일러에 넣을 기름이 없어
찬물로 머리를 감던
그해 겨울은
신기하게도 감기 한 번 걸리지 않았다.

『그해 겨울』 전문

  바이러스에 대한 면역력은 바이러스로 치료한다. 다시 말하면 우리 몸에는 모든 바이러스를 견딜만한 면역 체계가 갖추어졌다. 그러나 살아가면서 그 면역 체계를 스스로 깨트리는 식습관과 생활습관이 몸속의 유익균 밸런스를 파괴해 바이러스의 침투로 몸의 균형이 무너지는 것이다. 그래서 가장 좋은 방법이 자연 속에 살면서 자연에서 나오는 음식을 먹고 숨 쉬고 살아가는 것이다. 올해 전 세계를 팬데믹 쇼크에 빠지게 한 원인도 결국 인간의 잘못되고 이기적인 식습관에서 출발한 인재이다.

어린 시절 보일러에 기름 넣을 돈이 없어서 찬물로 머리를 감고 고드름이 대롱대롱 매달린 채로 학교에 갔어도 감기 한 번 걸리지 않았다는 화자는 삶의 면역력을 이미 오래전에 깨달은 것이다. 그리하여 살아가는 동안 웬만한 바이러스나 생활의 고난쯤이야 담담하게 넘기고도 남을 것이다. 그것이 곧 시의 자생력이 될 것이다.

올봄 개관한 원주시립중앙도서관 자판기 앞에서
300원짜리 모카커피를 뽑는다.

취직이 안 돼 사시사철 좌우를 넘볼 수 없는
칸막이 안에 갇혀 지내는 공시생의
하루가 시작되는 것이다.

공시생의 유일한 사식인 커피 한 잔의 여유가 쌓여가는 동안,
가슴 졸이는 부모님의 주름도 쌓여갈 것이다.

찬밥을 먹어도 좋으니 취직만 할 수 있다면,
청소를 해도 좋으니 말단 공무원 시험이라도 붙었으면,

한여름에도 천 원짜리 시원한 캔 음료 하나 빼먹는 것조차
사치가 되는 공시생의 운명이라니,
오늘따라 커피의 쓴맛이 깊게 밀려온다.

칸막이에 막혀 있는 도서관,
칸막이에 막혀 있는 자판기의 곳곳에
완전범죄를 벗어날 수 없는
지문이 쌓여가고
벌써 징역 삼 년의 형기가 지나가고 있다.

「공시생의 사치」 전문

 이서은은 대학을 졸업하고 첫 직장에서 받은 월급을 교통비만 빼고 몽땅 책을 샀을 만큼 누구보다 책에 대한 욕심이 많고 독서를 생활의 일부로 살아가는 시인이다. 글을 잘 쓰려면 다독 다작 다상량이라는 3원칙에 필사까지 네 가지 습관을 생활화해야 한다는 원리를 가장 잘 실천하고 있다. 도서관을 서재로 활용하며 다양한 책과 씨름하고 있는 이서은 시인은 그곳에서 만난 공시생의 애환을 그냥 스쳐 지나가지 않고 매일 만나는 그들과 눈인사를 나누며 몇 년 동안 굴레를 벗어나지 못하는 청년들의 삶을 현실의 문제와 함께 고발하고 있다. 요즘 환경미화원이 대학생들이 선호하는 직업으로 떠올랐

다고 한다. 예전에는 많이 배우지 못한 사람들이 서로 기피하는 일자리로 여겨졌던 청소부가 연봉 5천만 원짜리 직업이 되면서 중소기업 일자리보다 연봉이 많은 안정된 직장으로 부상했다고 하니 격세지감이 아닐 수 없다.

  대학을 졸업하고도 일자리를 찾지 못한 청년들의 행렬은 시골의 작은 도서관 빼곡한 열람실 좌석을 보면서도 쉽게 확인할 수 있다.

한겨울, 집 앞 골목을 나서면 집집마다
대문 앞에 하얀 뼛조각들이 수북이 쌓여있다
생을 다하여 고요히 숨을 거둔
구멍 난 세월처럼 구멍 숭숭 뚫린
뼛조각들은
세월의 흔적을 이고 있다
억만년의 생을 다한
몸속에 뚫려 있는
열아홉 개의 저 구멍이
나를 뜨겁게 밝혀준
지상의 뿌리였단 말인가

「골다공증」 전문

안도현의 '너에게 묻는다'라는 시가 가장 먼저 떠오른다. '연탄재 함부로 발로 차지 마라/ 너는 누구에게 한 번이라도 뜨거운 사람이었느냐' 생을 다한 연탄의 일생은 얼마나 길고도 험난한 여정이었을까. 수십억 년 전 지구의 대폭발과 천지개벽을 통해 땅속 깊이 탄화된 채로 묻혀 있던 석탄이 세상 밖으로 끌려 나와 단 한 번 뜨겁게 누군가의 몸을 데우고 음식을 데우고 삶을 데우다 뼈만 앙상하게 남은 채로 쓸모없는 신세로 버려지고 마는, 어쩌면 우리 인생을 그대로 보여주는 한 편의 드라마 같은 연탄 한 장이 아닐까. 그 지상의 뿌리를 불러와 인생의 뿌리로 어떻게 살아가고 어떻게 살아남아야 할지 화두를 던져주는 짧은 울림이 아닌가 싶다.

꽃 피는 봄날 또다시 날아온 청첩장은 기쁘지가 않다
가정을 꾸려보니 한 달 경조사비가 만만치 않다
온갖 청첩장이 내 톡에 쌓여가고 배우자 톡에도 쌓여가는
잔인한 4월 지나가고 있다

요즘 인터넷 물건 배송은 어떻게 해주는지
싱글들은 무얼 먹으며 살고 있는지 궁금해
카카오톡에 주문해 도착한 선물 목록부터 열어 보았다

품앗이라며

오늘도 신사임당과 맞바꿔야 하는
주말의 낯부끄러운 황금 시간이 번개처럼 지나가고
봄 햇살 사이로 부부의 눈치 싸움은 계속된다

"나는 위가 크지 않아"
"신사임당 한 장 내밀고
주말 한 끼 맛없는 뷔페로 위를 채우고 싶지 않아
차라리 삼겹살을 구워 먹고 집에서 쉬겠어"
나만의 타당한 이유를 내세운다

보통 성인이라면 두 끼에
먹는 양이 많은 성인 남자라면 한 끼에
맛나게 구워 먹을 수 있는 삼겹살이다

뷔페를 포기하고
이미 주부가 되어버린 여자의 슬픈 운명을 생각하다가
집사를 부른다
Genie야, 삼겹살 구워줘

「Genie야, 삼겹살 구워줘」 전문

요즘 예식장에 가서 5만 원짜리 봉투를 내밀면 공연히 낯이 뜨거워진다. 그래서 그런지 대부분의 사람들이 십만 원짜리 축의금을 내는 것을 예의로 생각하고 있다. 어느 순간부터 우리 사회에 불어 닥친 경조사비 프리미엄 탓이다. 결혼식이 끝나면 피로연장이 대부분 뷔페 음식으로 준비되다 보니 기본이 5만 원이고 7만 원이나 10만 원 이상 하는 곳도 많다고 하니 5만 원짜리 축의금이 반가울 리 없다. 그래서 어떤 사람들은 밥을 안 먹고 오는 게 도와주는 것이라는 이야기가 공공연한 비밀이 되었다고 한다. 가난한 살림에 평소에 별로 친하지도 않은 사람이 마치 세금 고지서를 날리듯 보내오는 청첩장을 받고 고민해본 사람은 알 것이다. 축의금을 해야 할지 말아야 할지가 결정되고 나면 예식장에 가봐야 할지 아니면 인편에 돈만 보내고 말지를 고민하게 되는 것이다. 흔쾌히 가서 축복해 주지 못하는 상황이라면 과감하게 포기하는 것도 필요하다. 화자는 시 속에서 그걸 포기하는 대가로 '지니'를 부른다. 그리고 삼겹살을 구워 먹는 것으로 스스로 위로의 손길을 건넨다.

"확진자가 5명이나 나왔대
아빠 담배 좀 줄이시든지
이참에 끊어보자"

"다 팔자대로 사는겨"

골초처럼 담배 태워도 건강한 사람은 건강하고
한 대도 안 태워도 걸릴 사람은 걸리는 거구
코로나인지 크로나인지
너무 걱정 마

왜 아빠가 그 흔한 감기 한번 잘 안 걸리는지 이제 알겠다

오늘도 아빠가 win

「아빠 win」 전문

아버지의 면역력도 화자를 닮은 것이다. 한겨울 보일러에 들어갈 기름값이 없어서 찬물로 머리 감고 고드름을 대롱대롱 매단 채 학교로 가던 딸은 아버지가 원망스러웠을 것이다. 그러나 딸은 나이가 들어서 아버지가 그 흔한 감기 한 번 안 걸리고 건강하게 살아가는 이유를 이제야 깨달았다. 자신이 그랬던 것처럼 가족의 건강한 삶을 위해 묵묵히 헌신한 아버지만의 자존심이 얼마나 소중한 것이었는지, 그래서 더욱 소중한 아버지라는 존재에 대해서 더 이상 설득하기보다는 인정하고 받아들이는 것이 아버지를 온전하게 지켜드리는 길이라는 걸 알게 된 것이다. 이런 걸 보고 지는 게 이기는 것이라고 하는 게 아닐까.

마스크로 입 가리고 이어폰으로 귀 막고 그나마 가리지 않은 눈으로
버스 정류장 전광판을 바라보는데 등 뒤로 비추던 햇살이 가려진다.
뒤돌아보니 입춘에 내린 눈처럼 소박하지만 선한 눈빛을 가진
머리카락이 단정한 할머니가
시내 나가는 버스냐고 묻는다.
이어폰을 귀에서 빼고 맞다고 시내 나가는 버스라고 대답한다.
직감적으로 어딘가 불편한 것을 감지한 나는 이거 타시면 돼요.
다시 한번 확인시켜 드린다.
그제 서야 "내가 까망눈이라…
한글을 몰라요. 그래서 자꾸 물어봐요 미안해요"
습관처럼 입술에서 새어 나오는 말, 미안해요.
아, 이럴 땐 어떤 반응을 보여야 하는 것인지
학교에서 알려줬더라면 참 좋았을 텐데.
멀리 파란색 버스가 보이고 아가씨도 이 버스 타냐며
사슴 같은 할머니 눈빛이 흔들린다.
친절한 사람도 많지만 그렇지 않은 사람이 더 많은 거 같다며
동네 은행에 방문했다가 민폐 끼친 거 같아서 시내 은행으로 간다는
묻지도 않은 일화를 쏟아낸다
장갑 벗고 이어폰을 귀에서 빼고 눈 한번 맞춰준 수고로움이 고마웠는지
한 정거장 먼저 내리면서 뒷문 앞에서 연신 인사를 한다
"아가씨 고마워요"
무엇이 할머니를 엄동설한에 시내 은행으로 향하게 했을까

눈이 멀쩡하지만 마음이 까막눈인 채로 살아가는 내가 부끄러워졌다

「까망눈」 전문

이 시는 제목이 구어체로 등장한다. 분명하게 시의 문장에서 문어체를 쓴 사람이 없고 화자와 할머니와 나눈 대화를 시 속에 옮겨 놓은 것이기에 '까막눈'이 아니라 '까망눈'으로 쓰는 것이 독자의 감정이입뿐만 아니라 화자의 마음도 그대로 읽힐 수 있을 것이기 때문이다.

실제 나이 드신 분들 중에서 아직도 문맹인 채로 사는 이들이 많다. 남존여비 잔재가 남은 일제강점기와 해방 후 보릿고개로 생계가 어려운 시기를 보내면서 학교 공부를 한 번도 받지 못한 이들이 노인들 중에 많기 때문이다. 시인으로 살아간다는 것은 이렇게 다른 사람의 불편한 마음을 먼저 헤아리는 것이다. 그리고 그 불편함을 내 것으로 만들 수 있을 때 시인은 독자의 감정 속에 녹아드는 시를 쓸 수 있고 공감과 감동의 매개체로 살아남을 수 있는 것이다.

원주 시외버스터미널 여자 화장실에서
중년 여성이 환한 얼굴로 휴지통을 비우고 있다
마침 볼일을 보고 나오는 여대생이 중년 여성을 향해

'엄마, 나 간다' 하며 인사를 한다
한두 번 마주친 순간이 아닌 듯 엄마는 답한다
'그래, 집에서 보자'
거리는 1월인데 화장실 칸칸마다 아카시아 향이 번진다

「1월 아카시아 꽃」 전문

    아카시아 꽃은 5월에서 6월 사이에 피는 꽃이다. 그런데 화자는 이미 1월에 피어난 아카시아 꽃을 보고 그 향기에 취해 가슴이 온통 꽃물이 들었다. 1연 7행의 시는 단순한 대화가 오고 가는 행간 사이에 뭉클한 감동이 살아 있다. 원주 시외버스터미널에서 청소부로 일하는 엄마를 마주친 딸은 그런 엄마를 외면하지 않고 오히려 반가운 인사를 건네고, 엄마는 그런 딸이 고맙고 자랑스러워서 어깨가 으쓱해지고 힘이 났을 것이다. 청소도구들이 모여 있는 비좁은 공간에 쭈그리고 앉아 휴식을 취하고 밥을 먹는 청소 노동자들의 고단한 일상을 한 번이라도 들여다본 사람이라면 시 속의 엄마와 딸의 이야기가 얼마나 가슴 뜨거운 감동의 순간인지 알게 될 것이다. 이 순간을 포착해 짧은 시 속에 담아낸 이서은의 시선에도 따뜻한 숨결이 묻어나온다.

아침마다 설익은 마음을 굽는다
오래된 토스트기 때문이라고 변명해 본다
노릇노릇 잘 구워진 벽과 벽 사이
당신과 내가 누워있다

「잘 구워진 벽」 전문

  단연 4행의 이 시는 표제 시이기도 하다. 아침마다 출근하는 남편을 위해 토스트기에 빵을 구우면서 아직은 서투른 결혼 생활과 인생을 토스트기에 넣으면 노릇노릇하고 맛있게 구워지지 않을까 하는 생각을 한다. 우리는 늘 익숙하고 가까운 것들은 모두 언제까지나 늘 곁에 머물러 있을 것이라고 잠정적 단정을 한 채 살아간다. 그러다가 누군가 갑자기 하루아침에 떠나가고 운명을 달리하면 그때야 비로소 삶이 유한하다는 것을 깨닫는다.
  하물며 부부 사이라면 더욱 그럴 것이다. 마치 빵 조각이 토스트 기계에 나란히 들어가 적당하게 열을 가하면 노릇노릇 같은 색깔로 익어가는 것처럼 서로가 서로의 삶에 예열을 하고 무늬가 닮아가는 순간을 지켜보는 것이야말로 잘 구워진 벽 속에 나란히 누워 같은 곳을 바라보다가 어느 순간 갑자기 튀어 오르는 것이 아닐까.

서쪽 하늘 염전이 터져

쏟아진

소금꽃

「첫눈」 전문

　공간적 이미지와 시간적 이미지를 동시에 끌고 와 첫눈을 만들었다. 그리하여 누구나 가슴속에 남아 있는 첫눈에 대한 추억을 소환하고 있다. 서해바다 염전에 산처럼 쌓여 있는 소금이 눈꽃이 되어 쏟아지는 순간은 화자의 감정과 독자의 감정이 첫사랑의 느낌을 상징적으로 공유하고 있다. 말하지 않아도 소금꽃과 첫눈 사이에 첫사랑의 순간이 숨은 화자로 등장하고 있는 것이다. 그리하여 첫눈 오는 날, 소금이 쌓여 있는 염전으로 가야 하리라. 아니 소금 기둥이 하늘을 향해 서 있는 첫눈이 소복하게 쌓인 인제 점봉산에 가야 하리라.

편의점 앞에서 웃고 있는 **빼빼로 과자**가 낯설다

달달한 사탕발림에 발길이 흔들린다

출처가 불분명한 젓갈 냄새가

소매를 잡아끈다

그래,

돼지고기가 몇 근이냐
동면 중인 김장 김치를 불러내 달빛 아래서
빼빼하게 웃어야겠다

「김씨 아줌마의 빼빼로데이」 전문

   김씨 아줌마의 빼빼로데이는 과자 회사의 상술에 갈등하는 화자의 심리가 재미있다.
   시의 제목을 보면 화자가 김씨 아줌마일 것이다. 그러나 시를 읽어가다 보면 화자가 김씨 아줌마가 아니라 빼빼로 과자값이면 김씨 아줌마가 담가 준 맛있는 김치로 삼겹살을 실컷 싸 먹을 수 있을 것을 생각하며 달빛으로 유혹하고 있는 편의점 앞을 지나치고 있는 시인의 감정이 보인다. 빼빼로데이여서 빼빼하게 웃어야겠다는 화자의 심리는 사실 슬픈 감정을 동반하고 있어서 불편하지만 그런 감정조차도 웃음으로 마무리하는 시인의 심상이 긍정적이고 순수한 눈빛으로 드러나고 있다.

비굴하지 않을 정도의 통장 잔액
믹스 커피 두 봉지를 반쯤 채운 따뜻한 종이컵
창문을 두드리는 지겨운 장맛비

「시 쓰기 3요소」 전문

  우리나라에 현대시가 도입된 지 100년이 지났지만 시인은 아직 가난하다. 그리고 앞으로도 가난할 것이다. 물론 극히 소수의 시인은 인세를 받으며 강연료를 받으며 조금 여유롭게 살아갈 수 있겠지만 시만 써서 먹고 산다는 건, 낙타가 바늘구멍으로 들어가기만큼 어려운 일이다.
  '비굴하지 않을 정도의 통장 잔액'은 과연 얼마일까? 아마도 한 달 동안 생활비를 쓰고 조금 남으면 외식 한두 번 하고 경조사비로 쓸 비용 정도 남는 것일까? '믹스 커피 두 봉지를 반쯤 채운 따뜻한 종이컵'은 비싼 커피숍에 가지 않아도 부부가 믹스 커피를 마시며 마주 보고 웃을 수 있는 여유일 것이다. 그리고 며칠 동안 지겹게 내리는 비 때문에 외출을 하지 않아서 돈을 한 푼도 쓰지 않고 생긴 여유는 결국 시를 쓸 수 있는 시간과 공간을 벌어 주어 행복한 일상이 되는 순간이다. 이것이야말로 시를 쓰기 위한 완벽한 요소가 아닐까? 시인이 시인 자신에게 주는 최대의 행복이 바로 이런 조건이라 생각한다.

태풍이 없다
햇빛도 없다

모두 지나간다

「영원한 것은 없다」 전문

    삶의 화두를 깨치고 있다. 순수한 영혼을 불러와 욕심 없는 생의 길을 트고 있다. 아무리 험한 태풍도 산과 바다와 강을 건너다보면 스스로 지쳐서 사라지고 만다. 한여름 땡볕이 아무리 뜨겁다고 해도 입추가 지나면 차가운 공기에 밀려서 자리를 내주고 만다. 그렇게 계절이 지나가는 동안 우리의 삶도 지나간다. 내가 살았던 집에 누군가 또 깃들어 살고 내가 걸어갔던 길을 누군가 또 따라서 걸어갈 것이다. 자연도 태초의 자연 그대로인 적 한 번도 없다. 인간도 태초의 모습을 잃어버린 지 오래다. 지금 내 모습이 인간의 본래 모습이었거니 하는 것은 착각이다. 심지어 거울에 보이는 자신의 모습이 온전한 자기일 거라 생각하는 것도 착각이다.
    시간이 정지하지 않은 채 계속 흐르고 있는 것처럼 인간도 매 순간 보이지 않게 진화하고 있다.

    이서은 시인의 시는 바람의 물결이다. 강물이 제멋대로 흐르고 있는 것 같지만 자연스럽게 흐르느라 자연의 섭리를 거스르지 않고 1밀리라도 낮은 곳을 찾아 조용히 흐른다.
    사람이 사는 곳을 지나가는 동안 다른 물과 섞이고 다른 사물을 만나 돌아가기도 하고 가끔은 역류하기도 하지만 가만히 기다려주면 새로운 물길을 만들어 모든 생명을 길러 낸다.

　이서은의 첫 시집 『잘 구워진 벽』은 물길이 있는 곳에 생명이 깃든다는 이치를 상징적으로 보여주고 있다. 그 물길 안에 힘차게 거슬러 오르는 물고기가 있고 바다를 향해 긴 여행을 떠나는 치어들의 웃음소리가 있고, 배고프고 목마른 새들의 비상이 깃들어 있다.

　그 자연스러운 생의 이치를 따라가며 가끔씩 툭툭 던지는 짧은 화두가 존재의 깨달음과 사유의 깊이를 동행하는 이정표를 제시해 주고 있다.